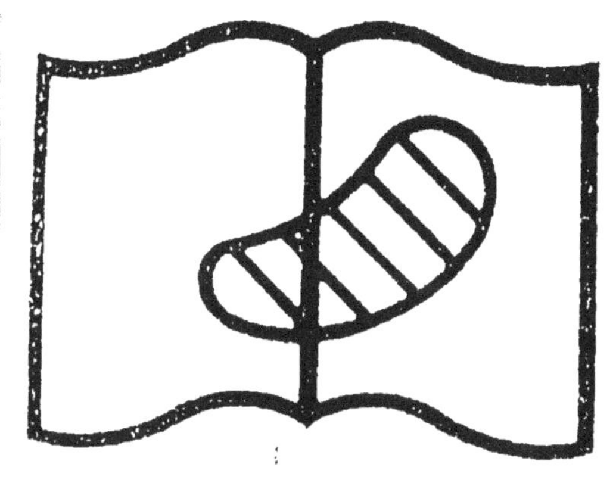

Illisibilité partielle

Valable pour tout ou partie
du document reproduit

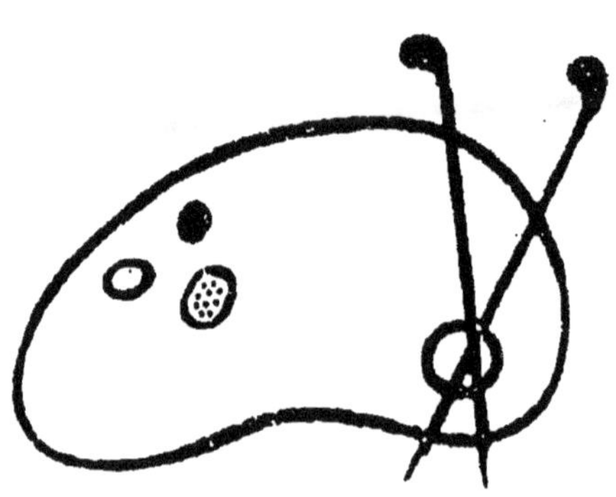

Couvertures supérieure et inférieure
en couleur

BOCCADOR

ET

L'HÔTEL DE VILLE DE PARIS

PAR

Henri STEIN

PARIS

1904

BOCCADOR

ET

L'HÔTEL DE VILLE DE PARIS

PAR

Henri STEIN

PARIS

1904

BOCCADOR

ET

L'HÔTEL DE VILLE DE PARIS

Depuis plusieurs mois, il y a une question Boccador. Soulevée par
M. Marius Vachon dans un premier *Mémoire au Conseil municipal
de Paris sur le projet de placer dans l'hôtel de ville une inscription
en l'honneur du Boccador; preuves historiques et techniques que l'ancien hôtel de ville était l'œuvre d'un architecte parisien* [1], elle a été
l'objet de discussions et d'observations au sein du Comité des inscriptions parisiennes, ainsi qu'à l'Académie des inscriptions et belles-
lettres [2]; la presse s'en est occupée à plusieurs reprises [3], et enfin,
tout récemment, M. Marius Vachon a répliqué à ses contradicteurs
par un *Mémoire complémentaire au Conseil municipal de Paris sur
le projet de placer dans l'hôtel de ville une inscription en l'honneur du
Boccador; objections et répliques* [4].

Je vais essayer de résumer tout ce qui a été dit et écrit à ce sujet
et d'exposer l'état actuel de cette question Boccador, qui ne peut man-
quer d'intéresser tous les Parisiens.

Et d'abord, qu'on me permette de le rappeler : la question a été
posée pour la première fois, il y a déjà fort longtemps, par M. Marius
Vachon lui-même, dans son ouvrage *L'ancien hôtel de ville de Paris*
(Paris, 1882, in-4°), p. 18-32, et dans un article de la *Nouvelle Revue*,
XIII (1881), p. 886-900. Un architecte italien fort érudit, M. Luca
Beltrami, y répondit aussitôt par une brochure : *L'hôtel de ville di*

---

1. Paris [Saint-Étienne, impr. moderne], novembre 1903, in-8°, 43 p. et
fig. — Un aperçu de la thèse a été donné par son auteur dans l'*Illustration*
(n° du 5 décembre 1903, p. 375), dans la *Chronique des arts et de la
curiosité* (n° du 21 novembre 1903), et plus longuement dans le *Bulletin
monumental* (n° 6 de 1903, p. 498-514); mais ce dernier article n'est pas
toujours aisé à comprendre, certains arguments étant passés sous silence.
Le *Mémoire* contient seul la pensée complète de M. Vachon.

2. Séance du 18 décembre 1903 (*Comptes-rendus*, p. 642-643).

3. *Journal des Débats* des 11 décembre (André Hallays) et 24 décembre
1903 (Fernand Bournon).

4. Paris [Saint-Étienne, impr. moderne], 1904, in-8°, 23 p.

Parigi e l'architetto Domenico da Cortona (Roma, tip. Bodoniana, 1882, in-8°, 24 p.; estr. dalla *Nuova Antologia*, 1 ag. 1882). Puis, Léon Palustre ayant adopté, dans *La Renaissance en France*, II, p. 124-128, la manière de voir de M. Vachon, il fut répondu aux arguments de ces deux auteurs par quelques pages de M. Bernard Prost sur *Le véritable architecte de l'ancien hôtel de ville de Paris*, qui parurent dans la *Gazette des beaux-arts*, 3ᵉ série, VI (1891), p. 5o1-5o4.

Or, voici qu'en 1903, sans d'ailleurs rappeler aucun de ces antécédents, M. Vachon met en demeure le Comité des inscriptions parisiennes de remplacer le nom de Boccador par celui de Pierre Chambiges sur l'inscription que l'on songe à poser pour rappeler la construction de l'ancien hôtel de ville de Paris, à l'effet de réparer à la fois « une erreur historique et un déni de justice à l'égard d'un grand architec.e parisien ». Il semble qu'il y ait honte à reconnaître la main d'un étranger dans le monument qui symbolise à Paris les libertés municipales!

La question patriotique n'a vraiment rien à voir dans les questions d'érudition, et, puisqu'il y a des textes, tenons-nous-en à eux, en nous gardant de les interpréter dans un sens favorable à une thèse plus subtile et plus ingénieuse que solide.

** **

Un mot d'abord de l'architecte Dominique de Cortone, dit Boccador[1], sur lequel d'ailleurs les renseignements connus ne sont pas nombreux et n'ont été recueillis que partiellement par Bauchal[2]. Originaire de Cortona en Toscane, élève (d'après Gori) de Giuliano de San Gallo, il fut présenté à Charles VIII, qui l'attira en France, en même temps que Giocondo de Vérone et d'autres architectes, dessinateurs et sculpteurs (1497). Il est immédiatement chargé de travaux de menuiserie et de charpente au château d'Amboise; valet de chambre de la reine Anne de Bretagne, il loue le 8 juin 1507 un logis à Tours[3]; en 1510, on le trouve travaillant au mobilier du château de Blois, et les commandes étant sans doute considérables, il s'installe dans cette ville et y achète deux maisons contiguës; il est chargé

---

1. Son véritable nom est *Domenico Bernabei.*

2. *Nouveau dictionnaire des architectes français* (1887), p. 136.

3. Benoît Delabrosse donne à bail pour un an, moyennant treize livres tournois, à « honorable homme Dominicque de Cortonne, menuisier et varlet de chambre de la Royne, à présent demorant à Tours, une chambre basse avecques l'ouvrouer, la comunité de la court, avec l'estable et le dessus d'icelle ». (Minutes du notaire Foussedouaire, aux archives départementales d'Indre-et-Loire, tome VIII, fol. 6o.)

en 1518 d'importants travaux d'aménagement au château d'Amboise
à propos des fêtes qui y furent données à l'occasion du baptême du
dauphin et du mariage du duc d'Urbin; son nom est également pro-
noncé dans les projets du château de Chambord; un peu plus tard,
on le retrouve à Paris, et, en 1523, il apparaît à Orléans avec la qualification de « maistre des ouvrages de menuiserie du roi et varlet de
chambre de la reine[1] »; en 1531, il est occupé aux fêtes du couron-
nement de la reine à Saint-Denis et à Paris, et, douze ans après (1543),
il touche une indemnité pour travaux faits en la chapelle de l'hôpital
Saint-Gervais à Paris, avec le titre de « maistre des ouvrages du
roy[2] ». J'omets à dessein, pour y revenir tout à l'heure, tout ce qui
concerne l'hôtel de ville, mais en rappelant que le 12 mars 1530
François Ier, auprès de qui il était en faveur sans cesse croissante
(les titres qu'on lui donne en font foi), lui avait fait don de 900 livres
pour le récompenser de plusieurs ouvrages « fais depuis quinze ans
en çà, par l'ordonnance et commandement du roi, en patrons, en
levées de bois, tant de villes et chasteaux de Tournay, Ardres et
Chambort, etc.[3] ». Nous ne connaissons certainement encore qu'une
très petite partie des travaux d'art dont il fut chargé, et nous ne
pouvons ajouter à cette liste déjà longue qu'un acte nouveau de
mars 1545, particulièrement intéressant pour apprécier sa situation
de famille :

Dominicque de Becalor, dict de Cortonne, architecteur demeurant à Paris,
confesse avoir donné, ceddé, quitté, transporté et délaissé du tout et par
pure et vraye donation faicte entre vifz, sans espouoir de jamais la révoc-
quer, aller ne venir ou contraire, à Jaques Le Roy, maistre tondeur de
draps, demeurant à Paris, Marguerite de Becalor, sa femme, fille naturelle
dudit m[e] Dominicque, Geoffroy Choubelin, orfèvre demeurant à Paris, et
aux enfans de feue Françoise Becalor, aussi sa fille naturelle, et de Marin
Blossier, m[e] cordouannier, demeurant à Bloys, lesdits Le Roy et Choubelin
à ce présens et acceptans, tant pour eulx, la femme dudit Le Roy que
enfans desdits deffuncte Françoise Becalor et Marin Blossier, leurs hoirs,
c'est assavoir ausdits Le Roy et sa femme une cinqiesme partie, audit
Choubelin une autre cinqiesme partie et ausdits enfans de ladite feue
Françoise Becalor et Marin Blossier une autre cinqiesme partie de tout tel

---

1. Archives municipales d'Orléans, CC 860; il fait construire un engin
« pour tirer terre des foussez » et dresse le patron dudit engin.

2. Archives de l'Assistance publique à Paris; fonds de l'hôpital Sainte-
Anastase dit de Saint-Gervais, liasse 49 (A. Brièle, *Inventaire sommaire
des archives hospitalières*, III, p. 355).

3. *Comptes des bâtiments du roi*, publ. par Léon de Laborde, I, *passim*
(voir à l'index). Nous sommes loin des *trois* documents qui, d'après
M. Vachon (*Mémoire*, p. 35), seraient les seuls à nous faire connaître Boccador.

droit qui audit donateur peult et doibt competter et appartenir au moien du
don à luy faict par le Roy nostre Sire de certaines places le long du cymetière Sainct Innocent, du costé de la rue de la Charronnerie, suivant ladite
donation, pour en joyr, etc.; ceste présente donation faicte à la charge de
l'usufruict des dites choses données que ledit donateur a retenu et réservé
pour en jouyr sa vye durant seullement, et pour le bon amour qu'il a et
dict avoir ausdicts donataires, et aussi que tel est son plaisir de ce faire,
transpoant à la charge dudit usuffruict, dessaisissant, etc., voullant, etc.,
procureur le porteur, etc., donnant povoir, etc., déclairant par ledit donateur que la joyssance qu'il fera cy après desdites choses données sera
comme et ou nom de précaire et soubz le nom desdits donataires, voullant
que après son décetz ledit usuffruict soyt réuny et consolidé avec la propriété pour en joyr par lesdits donataires après son dit décetz en toute
propriété et usuffruict, promettant, etc., obligeant, etc., renonçant, etc.
Faict et passé double cestuy pour lesdits donataires l'an mil cinq cens qua-
rante quatre, le samedi quatorziesme jour de mars. Signé : BOULLE et
GARNIER[1].

Ainsi donc, Dominique de Cortone, *architecteur*, a eu trois filles
naturelles, dont l'une (Marguerite) a épousé Jacques Le Roy, maître
tondeur de draps à Paris, la seconde (décédée en 1545) un orfèvre
nommé Geoffroy Choubelin, la troisième (Françoise, également
décédée) un maître cordonnier de Blois, père à son tour de plusieurs
enfants. Agé sans doute ou malade, il cède à ses héritiers un immeuble
que le roi lui a donné « le long du cymetière Sainct Innocent, du costé
de la rue de la Charronnerie », en s'en réservant sa vie durant l'usu-
fruit. Quelques années après (en 1549, d'après Gori[2] et Mariette[3]), il
meurt, ayant passé en France la majeure partie de son existence. Cet
acte est le dernier point de repère que nous possédions; il éclaire
quelque peu une existence trop énigmatique. On doit, semble-t-il,
rapprocher le mariage de l'une des filles de Boccador à Blois des
acquisitions de maisons qu'il fit dans cette ville et des travaux qu'il
accomplit à Chambord pour François Ier.

* *

M. Vachon et les critiques qui ont adopté sa manière de voir ont
tout fait pour diminuer l'architecte italien et réduire à rien sa partici-
pation aux travaux dont nous savons pertinemment qu'il s'occupa;
c'était sans doute, écrit-il avec dédain, « un de ces deviseurs de plans
qui, selon Philibert de l'Orme, pour leurs beaux pourtraicts et une
je ne sais quelle ténacité, accompagnée d'un grand nombre de paroles
et d'arrogance, déçoivent les hommes crédules et se persuadent et

1. Archives nationales, Y 90, fol. 264 v°.
2. *Symbolæ litterariæ* (Florentiæ, 1751).
3. *Abecedario*, I, p. 123.

promettent incontinent estre les princes du monde et avoir mérité
d'estre réputez grands architectes ». De là, ajoute-t-il[1], « lui étaient
venus et son surnom si expressif de Boccador (Bouche d'or) et sa faveur
auprès de François Ier ». L'interprétation est sans doute ingénieuse,
mais elle a le tort de s'appuyer sur un contresens certain ; au XVIe siècle,
le surnom de Boccador ne paraît avoir qu'une signification : celle
d'indiquer la couleur de la moustache de l'Italien, qui était d'un blond
roux ou doré. Voilà un exemple de la façon dont l'on interprète les
textes[2], pour enlever à Dominique de Cortone l'honneur d'avoir été
choisi par François Ier comme architecte de l'hôtel de ville de Paris,
et pour lui substituer un de ses contemporains d'un incontestable
talent, Pierre Chambiges, dont nul d'ailleurs ne songe à rabaisser le
mérite. Cette substitution est-elle possible à l'aide des documents
que nous possédons et sans donner volontairement une entorse à
la vérité historique ?

Or, voici, d'après les historiens les plus sérieux[3] et d'après les délibérations même de la ville de Paris pour cette époque, ce qui inté-
resse la construction du nouvel hôtel de ville.

En 1529, le prévôt des marchands et les échevins déclarent au
gouverneur de Paris qu'ils veulent doter leur cité d'un hôtel de ville
spacieux et neuf ; le roi autorise la ville à acquérir plusieurs maisons
de la place de Grève et de la rue du Martroi, qui seront démolies ;
et, le 22 décembre 1532, « Dominique de Cortonne monstra le pourtraict du bastiment nouvel que le Roy veult estre faict d'ung hostel
de ville[4] ». Son nom revient encore dans une délibération du 13 mai
1533, où la municipalité décide qu'on se conformera aux intentions
manifestées par le roi[5], et dans une autre du 19 juin 1534, où le
bureau de la ville de Paris conclut des marchés pour la décoration

---

1. *Mémoire*, p. 35.

2. M. Robert de Lasteyrie a déjà signalé les erreurs commises par
M. Vachon au sujet des mots « gothique » et « imparfait », sur le sens des-
quels il s'est mépris (*Comptes-rendus de l'Académie des inscriptions et belles-
lettres*, nov.-déc. 1903, p. 643).

3. Notamment Leroux de Lincy, que M. V. rappelle souvent, mais parfois
inexactement. Il le prend pour arbitre dans la question et s'appuie victo-
rieusement sur ses conclusions, mais il le cite incomplètement et omet la
fin de la phrase où Leroux de Lincy ajoute : « Tout prouve au contraire
que le plan du Boccador, modifié peut-être dans quelques-unes de ses
parties, fut toujours suivi dans le plan du monument. » La réduction des citations pour les besoins d'une cause est un procédé de critique depuis longtemps condamné.

4. *Registres des délibérations du bureau de la ville de Paris*, II, publ. par
A. Tuetey, p. 160.

5. *Idem*, p. 164-165.

de l'édifice et invite les personnes chargées de diriger la construction
à surveiller activement les ouvriers[1].

A partir de ce moment, Dominique de Cortone n'est plus men-
tionné, non plus d'ailleurs que d'autres architectes; mais les travaux
sont continués régulièrement. Le 29 août 1534, on délibère sur les
marchés à conclure pour la construction des gros murs et de la
menuiserie; le 2 avril 1535, on décide que des délégués assisteront
l'échevinage dans l'examen des différends entre les maîtres des
œuvres; en septembre 1538, le roi recommande la continuation des
travaux, et des décisions diverses (26 novembre 1538 et 25 février
1539) prouvent qu'en effet ils ne sont pas interrompus[2]. Toutefois,
en 1541, sans doute par suite des difficultés extérieures de la France
et des frais de la guerre, une suspension devient inévitable; il faut
trouver plus de 34900 livres pour payer matériaux et ouvriers, et
l'on convient (2 juillet) de congédier la moitié de ceux qui travaillent
à la construction du nouvel édifice municipal. Dix ans après (13 août
1551), il est décidé qu'une somme de 92 livres provenant de confis-
cation sera affectée à la décoration de l'hôtel de ville et (14 septembre
1551) qu'on abattra les charpentes de l'ancien bâtiment en ruines, et
que du bois provenant de la démolition des maisons du Petit-Pont
on construira un escalier donnant accès au nouvel édifice[3].

Dans le même temps, des lettres de François Ier, du 23 avril 1533,
permettent aux échevins de Paris d'utiliser la saillie de Saint-Esprit-
en-Grève pour la construction entreprise et déclarent que les deniers
communs de la ville de Paris devront être affectés intégralement,
jusqu'à ordre contraire, à cette construction[4]. Par nouvelles lettres
patentes signées le lendemain, le roi fait don de huit arpents de
bois à prendre, pour le même objet, dans la forêt de la Traconne[5];
et, par autres du 14 juillet 1534, il fait don et remise aux échevins

---

1. *Registres des délibérations du bureau de la ville de Paris*, II, p. 183.

2. *Idem*, p. 190-191, 200, 385, 395, 401.

3. *Idem*, III, publ. par Paul Guérin, p. 14, 253-254 et 267. — Ajoutons
un renseignement inédit : le 20 mars 1553, Guillaume Drouet, curé de
Plessis-le-Comte, fait don à son neveu de ce qui lui appartient dans les
7600 livres provenant de l'adjudication aux échevins de la ville de Paris de
maisons situées place de Grève (Archives nationales, Y 99, fol. 47).

4. Archives nationales, K 954, n°s 39 et 40. — La principale de ces lettres
est publiée par Alf. Des Cilleuls et Jules Hubert, *Le domaine de la ville de
Paris dans le passé et dans le présent*, 2e partie (Paris, 1891, in-4°), p. 206;
en voici le passage capital : « Lesdits prévost des marchans et eschevins
auroient faict faire ung pourtraict de la forme et devys du bastiment dudit
hostel, lequel ils nous auroient monstré, et l'ayant trouvé agréable, nous
leur aurions derechef commandé y faire besogner à toute diligence. »

5. Archives nationales, J 960[c], fol. 60 (mention).

des lods et ventes et autres droits seigneuriaux qu'ils doivent en raison des acquisitions de maisons faites en vue de l'élargissement du nouvel hôtel de ville[1]. Enfin, le 27 novembre 1540, François Ier réduit l'impôt sur le vin, qui avait été établi par ordonnance du 31 octobre 1536, en partie pour subvenir aux frais de la construction de cet édifice[2].

Ajoutons à cela les extraits des comptes [perdus] de la ville de Paris pour l'année 1533, où on lit : « Payé douze livres cinq sols à Louis Poircau, juré du roy en l'office de massonnerie, et autres maçons, pour avoir vaqué, en la présence de messieurs les prévost des marchands et eschevins, le 29 may 1533, à l'alignement de la maison de l'hôtel de ville que l'on vouloit bastir et édiffier à neuf; — Payé à Dominique de Courtonne soixante douze livres pour plusieurs portraits en plattes formes pour le fait de l'édifice et bâtiment de l'hôtel de ville; — Payé quatre vingt cinq livres pour achapt d'outils pour les ouvriers qui doivent travailler à la journée audit bâtiment, ayant esté jugé estre pour le mieux; — Messieurs les prévost des marchands et eschevins, par leurs lettres du 15 juin 1533, ont commis et depputté pour conduire les ouvrages du bâtiment et édifices de l'hôtel de ladite ville ledit m^e Dominique de Berqualor, dit de Courtonne, architecte, demeurant à Paris, suivant le modelle par luy fait, veu et accordé par le roy, et, pour éviter à faute, qu'il sera fait auparavant un modelle en bois de menuiserie; pourquoy Messieurs luy ont ordonné la somme de 250 livres tournois par an tant qu'il vaquera audit bâtiment ou tant qu'il plaira à Messieurs[3]. »

Enfin, — ce qui concorde parfaitement avec tout ce qui précède, — une inscription commémorative de l'entreprise[4] des travaux de l'hôtel de ville en 1533 fut placée, au-dessus de la grande porte d'entrée, en l'honneur de l'architecte qui en avait donné le plan : *Dominico Cortonensi architectante*. Gilles Corrozet, contemporain de la construction, publie cette inscription dans *Les antiquitez de la ville de Paris* (Paris, 1550, in-8°, fol. 157 v°), sans la faire suivre d'aucun commentaire.

Voilà, pour nous servir d'une expression chère à M. Vachon, le

---

1. Archives nationales, J 962, n° 117 (mention).

2. Idem, X¹ᵃ 8613, fol. 255.

3. Bibliothèque nationale, nouv. acq. fr. 3243, fol. 103 r° et v°. Ces documents ont été publiés pour la première fois par M. Bernard Prost dans la *Gazette des beaux-arts*, en 1891. — Il est regrettable que M. Marius Vachon, qui se déclare volontiers (*Mémoire*, p. 4) l'historien de l'ancien et du nouvel hôtel de ville de Paris, n'ait pas connu ces textes intéressants au premier chef, publiés depuis 1891, ou se soit abstenu d'en tenir compte.

4. La cérémonie de la pose de la première pierre avait eu lieu le 15 juillet 1533.

faisceau de preuves de la plus indiscutable authenticité sur lequel nous pouvons utilement nous appuyer pour étudier la question. Et il faut véritablement être doué d'une vue singulière pour tirer de ces textes les résultats positifs suivants :

1º En 1534, Pierre Chambiges est appelé à diriger les travaux de l'hôtel de ville en remplacement du Boccador et dresse le plan d'un nouvel édifice dans le style de la Renaissance;

2º En 1549, la façade du Boccador sur la place de Grève est trouvée gothique et ¹émolie jusqu'au rez-de-chaussée[1].

Telles sont cependant les conclusions du plaidoyer de M. Marius Vachon; d'après lui, le nom de Pierre Chambiges doit remplacer sur l'inscription projetée celui de Boccador, qui jusqu'à ce jour a usurpé une place d'honneur à laquelle il n'a aucun droit.

*
* *

Sur quoi donc se fonde-t-il pour revendiquer les droits de Pierre Chambiges ? A peu près uniquement[2] sur le texte de la délibération du bureau de la ville du mois de juin 1534, où les personnes chargées de surveiller la construction et les ouvriers sont indiquées dans l'ordre suivant : Pierre Chambiges, Jacques Coriasse, Jean Asselin, Louis Caqueton et Dominique de Cortone. En outre, on sait que, à la même époque, Boccador touchait 250 livres de gages par an, et Pierre Chambiges 25 sous par jour (ce qui revient à 375 livres par an environ)[3]. On ne voit pas bien ce que cela démontre, en donnant même à l'ordre des noms une préséance exagérée, car, en l'espèce, il est bien évident que les maîtres des œuvres devaient avoir, dans la surveillance de la construction et des ouvriers, une part beaucoup plus prépondérante que l'auteur du plan. Cela suffit-il à laisser

---

1. *Mémoire*, p. 34.

2. Il y a toute une partie du travail de M. Vachon qui montre les analogies existant entre l'hôtel de ville de Paris et la partie du château de Chantilly, qui a pour auteur Pierre Chambiges. Là aussi une large part est faite à l'hypothèse, et la discussion, tout à fait dépourvue d'utilité ici, prendrait plusieurs pages. Il est un fait d'ailleurs certain qu'a déjà indiqué M. Henry de Geymüller dans ses savantes études sur l'architecture de la Renaissance : une ligne architecturale, un motif de construction n'est pas une œuvre personnelle, elle est le résultat des modèles vus et de la pratique continue (en l'espèce, des idées italiennes).

3. D'après Le Roux de Lincy. — M. Vachon dit 400 livres; en défalquant les dimanches et jours fériés, on arrive à peine à 375, mais cela n'a aucune importance. Rappelons d'ailleurs que, comme on l'a vu, Boccador avait touché une somme particulière (72 livres) pour les plans qu'il avait soumis aux échevins. Et puis, s'il avait conservé le titre honorifique de valet de chambre de la reine, il y avait encore un supplément de ce fait.

admettre qu'alors Chambiges est appelé à diriger les travaux de l'hôtel de ville en remplacement de Boccador? De deux choses l'une, ou Boccador est tombé en disgrâce, et alors son nom n'a plus aucune raison d'être cité dans les délibérations du bureau de la ville; ou son plan est toujours suivi, ce plan que le roi a accepté et que l'année précédente le prévôt des marchands et les échevins ont adopté à leur tour en chargeant son auteur de « la conduite des ou͐rages du bâtiment et édifices », et dans ce cas seulement sa présence en 1534 s'explique dans les délibérations municipales. Il ne semble pas que Boccador ait démérité; en tout cas, il n'a cessé d'avoir la confiance de François Ier, puisqu'en 1543 encore il peut se qualifier de « maistre des ouvrages du roy ». Et le fait même que Boccador est payé à l'année, suivant les conventions faites, tandis que Chambiges est taxé à la journée, suffirait à indiquer la prédominance du premier.

La deuxième affirmation de M. Marius Vachon, appuyée sur une phrase défigurée de Sauval[1], n'est guère plus admissible. Il nous faudrait la preuve certaine que les premières constructions élevées ont été démolies (en 1549), et on ne nous la produit pas. Ce n'est pas de simples hypothèses que nous nous contenterons. D'ailleurs, si véritablement Pierre Chambiges avait remplacé Boccador dès 1534 et était arrivé avec de nouveaux plans (conformes à ceux de Chantilly), comment aurait-on continué à travailler pendant quinze années encore sur les plans de Boccador discrédités? Et si la démolition n'eut lieu qu'en 1549, comment peut-on faire l'attribution des nouvelles constructions à Pierre Chambiges, qui était mort le 18 juin 1544? Voilà bien des anomalies restées sans réponse.

Dans son *Mémoire complémentaire*, il est vrai, M. Vachon (p. 19), tout en conservant cette date de 1549 comme époque de la démolition, met en avant une nouvelle date de 1535 qui serait celle du nouveau plan, — celui de Chambiges, — fournie[2] par une transac-

---

1. Sauval, sur lequel on s'appuie, n'a jamais parlé de démolition : il dit seulement (II, p. 483) qu'en 1549 on « réforma le dessin ancien ». Ce sont en vérité choses très différentes, à ne pas confondre.

2. Le document est aux Archives nationales, Q¹ 1246, n° 1, et n'a été publié que partiellement par Alf. Des Cilleuls et Jules Hubert, *Le domaine de la ville de Paris*, 2ᵉ partie, p. 260-262. Voici le passage copié sur l'original, fol. 6 : « ... auroient veu et visité de costé et d'aultre les bastimens, places et lieux que lesdicts sieurs prévost des marchans et eschevins désiroient prendre pour l'accommodiation dudit hostel de ville, et après avoir eu communication d'un vieil plan lors représenté par lesdicts sieurs prévost des marchans et eschevins arresté eñ l'assemblée du Conseil de ladicte ville le 20ᵉ d'avril 1535, escript à l'ung des coins dudict plan, portant que lesdicts sieurs prévost des marchans et eschevins désiroient prendre et estendre leur chappelle et oratoire tant sur les places déclarées par ledit arrest que sur les bastimens et chambres des appartenances dudit hospital... »

tion de 1608 que M. Vachon reproche vivement à ses contradicteurs d'ignorer, alors que lui-même en avait fait jusqu'ici très peu de cas. Et c'est ce même plan de 1535 qui représenterait « certainement » les devis et élévations « montrés plus tard à Saint-Germain-en-Laye, au roi Henri II, et d'après lesquels fut terminé l'hôtel de ville de la Renaissance après la démolition de la construction gothique du Boccador »! Mais on ne se charge pas de nous expliquer pourquoi on attendit si longtemps pour démolir une construction que tout le monde condamnait et désapprouvait, alors que précisément en 1538 et 1539 les registres des délibérations du bureau de la ville de Paris nous montrent les travaux de construction se continuant encore avec régularité. Il a suffi de rapprocher cette date de 1535 d'une délibération de la ville, de la même époque (2 avril 1535), où il est question de différends survenus entre les maîtres des œuvres! Voilà bien le nœud de la question! Très certainement, d'après M. Vachon, le conflit s'éleva entre les maîtres français et le maître italien[1], puisque cela semble s'accorder avec sa thèse favorite.

Je crois devoir répondre par deux objections. D'abord, il n'est nullement prouvé que Boccador fut maître de l'œuvre; nulle part on ne lui donne, nulle part il ne prend ce titre[2], et cette qualification doit être réservée à Jean Asselin, maître des œuvres de charpenterie de la ville, et à Jacques Coriasse, maître des œuvres de maçonnerie, à Louis Caqueton et à Pierre Chambiges. Donc le conflit qui survint entre les maîtres des œuvres ne saurait intéresser en aucune façon Dominique de Cortone, architecte[3].

En outre, le plan de 1535 dont il est question dans la transaction de 1608 doit s'entendre d'un plan spécial des travaux à exécuter de concert avec les maîtres de l'hôpital du Saint-Esprit, et non pas du plan total de construction de l'hôtel de ville[4]; M. Vachon lui-même

---

1. *Mémoire complémentaire*, p. 16.

2. A l'exception d'un compte-rendu de la séance du bureau de la ville du 20 octobre 1536 (*Registres*, II, p. 300), où on lit : « A esté conclud d'aller demain sur les rampars de ladite ville et appeller les maistres des œuvres de ladite ville, m^rs Dominique et Caqueton. » Bien que la table du volume n'ait pas identifié « m^e Dominique », il me paraît assez évident qu'il s'agit là de Boccador. Mais, comme nous connaissons fort bien les noms des maîtres des œuvres de Paris à cette date, et comme leur nombre était limité, il doit y avoir erreur ici, et il serait imprudent de tirer argument de cette seule indication.

3. Il est vrai que M. Vachon cherche à dénigrer le terme d' « architecte » et à en diminuer l'importance, tout en reconnaissant que Philibert de l'Orme était ainsi désigné.

4. C'est dans ce même sens qu'il faut entendre ce passage de la transaction de 1608 : « Depuis ledit arrêt de 1533, l'édiffice dudit hostel de ville auroit été discontinué jusques au 3 juillet 1607 » (cf. *Mémoire*,

le dit, un plan qui servit de base pour la rédaction du devis du
pavillon du Saint-Esprit, et pour l'accord conclu en 1606 entre la
municipalité et les maîtres de l'hôpital du Saint-Esprit en vue d'exa-
miner les travaux et démolitions à faire pour la continuation de
l'hôtel de ville conformément aux lettres patentes de 1533[1].

Il y a plus. En 1873, « en démolissant les ruines du rez-de-chaussée construit par Boccador, et utilisé comme gros œuvre par les suc-
cesseurs de Pierre Chambiges, on retrouva dans l'arc doubleau de la
grand'porte d'entrée le chiffre et la salamandre de François Ier sculp-
tés dans la pierre[2] ». Or, un dessin publié par Hoffbauer[3] montre la
porte centrale au moment où ce motif d'architecture a été découvert;
l'arc doubleau est au sommet du rez-de-chaussée construit sous
François Ier et vraisemblablement antérieur à l'inscription commémorative de la pose de la première pierre en 1533, et, si ce rez-de-
chaussée a subsisté jusqu'en 1873, c'est donc qu'il n'a pas été démoli
en 1549, comme on l'affirme[4], et que l'inscription de 1606 a exagéré
en spécifiant la reprise de la construction « du sol jusqu'au sommet »,
« a solo ad fastigium[5] ». L'utilisation comme gros œuvre dont parle
M. Vachon est une explication bien peu satisfaisante, car l'arc doubleau dont il s'agit est parfaitement à sa place pour supporter le
premier étage dont les lignes se raccordent sans difficulté avec celles
du rez-de-chaussée. Et on a montré déjà que le dessin de Jacques
Cellier[6], fait en 1586, représentait assez exactement, malgré ses
imperfections, le rez-de-chaussée construit sous François Ier. La
vue de 1590, publiée par Hoffbauer[7], d'après un tableau appartenant
à M. le duc de Valençay, confirme avec plus de précision et de soin
le renseignement iconographique fourni par le dessin de Jacques
Cellier. Quant à la valeur documentaire du plan dit de la Tapisserie,
elle est très contestable, et on n'en peut faire état dans une discussion
de cette nature[8].

---

p. 11). Ce serait manifestement contraire à la vérité s'il ne s'agissait des
travaux à faire avec l'autorisation des maîtres de l'hôpital du Saint-Esprit.

1. *Registres des délibérations du bureau de la ville*, XIV, publ. par
M. Léon Le Grand (sous presse), p. 185.

2. *Mémoire*, p. 12.

3. *Paris à travers les âges*, I, p. 24.

4. Et dont, chose singulière, on ne trouve pas la moindre trace dans les
registres de la ville.

5. Cette observation a été faite par M. Lucien Lambeau dans l'*Intermé-
diaire des chercheurs et curieux*, n° du 30 décembre 1903, col. 959. —
M. Vachon, dans son *Mémoire complémentaire*, n'a pas cru devoir y
répondre.

6. Hoffbauer, t. I, p. 27.

7. Idem, p. 19.

8. On sait que le plan de la Tapisserie, d'une date incertaine, a reproduit

Quant à la discussion des idées de M. Vachon sur les plans et dessins de l'hôtel de ville, nous ne l'entreprendrons pas, car il s'agit alors non plus de textes, mais d'appréciations personnelles que nous ne saurions partager; impossible de rien comprendre à son plan de la maison aux Piliers[1]; impossible d'admettre avec lui qu'il n'y a aucune ressemblance entre le rez-de-chaussée du dessin de Cellier et le rez-de-chaussée du monument définitif de la Renaissance[2]; impossible de comprendre la démonstration qu'il entreprend sur la question du rez-de-chaussée de l'édifice[3], à moins de prendre exactement la contre-partie de ce qu'il soutient.

Mais en admettant même que la première construction de l'hôtel de ville a été modifiée en 1549, elle n'a pu être reprise sur de nouvelles bases par Pierre Chambiges, décédé depuis cinq ans déjà, et par conséquent Pierre Chambiges n'a aucun droit aux honneurs que M. Marius Vachon s'efforce de lui prodiguer. Si j'osais émettre une opinion, je considérerais la présence de Pierre Chambiges comme celle de l'entrepreneur général de la maçonnerie de l'hôtel de ville, ce qui ne serait nullement en contradiction avec ce que nous savons de lui, puisqu'en 1535, après avoir donné son avis sur la navigation de la rivière d'Ourcq, que lui avaient demandé les échevins de Paris, il offre d'entreprendre le travail à effectuer sur devis pour une somme de 9000 livres tournois[4]. Ce qu'il a fait d'un côté, pourquoi ne l'aurait-il pas pu faire d'un autre? Cette explication paraîtra sans doute préférable à des hypothèses gratuites et a l'avantage de ne pas se mettre en contradiction avec des textes précis. Quant à Dominique de Cortone, il restera, quoi qu'on dise et quoi qu'on fasse, l'auteur du plan de l'édifice nouveau construit par les échevins de Paris pour leur servir d'hôtel de ville, dont il avait donné « plusieurs portraits en plattes formes ». Et si un déni de justice devait être commis, ce serait à l'égard de cet Italien dont les rois de France apprécièrent le mérite, si l'on supprimait son nom de l'inscription projetée.

*
* *

La communication que je fis à la Société de l'histoire de Paris sur cette question du Boccador, en sa séance du 12 juillet dernier, s'arrêtait là. Et je n'ai rien à y changer. Mais j'ai le devoir de protester

---

divers monuments d'après un plan plus ancien. A. Bonnardot a depuis longtemps signalé la méfiance dont il y avait lieu de l'entourer.

1. *Mémoire*, p. 22.
2. *Mémoire*, p. 15.
3. *Mémoire*, p. 26.
4. *Registres des délibérations du bureau de la ville de Paris*, II, p. 204.

contre la décision de la Société des architectes français qui, sa commission d'archéologie entendue[1], a proposé d'accoler dans l'inscription le nom de Boccador à celui de Pierre Chambiges, sous cette
forme[2] :

L'Hôtel de ville
commencé vers 1533 d'après le modèle
de Dominique de Cortone dit Le Boccador
Réédifié vers 1535
sur les plans de Pierre Ier Chambiges.

Pourquoi *vers* 1533, puisque c'est exactement le 15 juillet 1533?
D'autre part, la réédification *vers* 1535 et les *plans* de Chambiges
sont manifestement trop contraires à la vérité historique pour être
définitivement admis.

Si les observations présentées dès la fin de décembre 1903 par
M. Robert de Lasteyrie et par plusieurs membres du Comité des Inscriptions parisiennes, si les idées que j'ai consignées ci-dessus ne
paraissent pas suffisamment convaincantes, on fera bien de se repor-
ter aux articles publiés récemment à ce même sujet par M. Louis
Dimier dans la *Chronique des arts et de la curiosité* (n^{os} des 27 août,
10 et 24 septembre, 24 octobre 1904). La question y est traitée d'une
façon différente, mais les conclusions sont identiques. Les voici très
sommairement relatées :

Si la façade du Boccador, construite à partir de 1533, était réelle-
ment gothique, ce serait le renversement complet de toutes les
notions que nous possédons sur le développement de l'art à l'époque
de la Renaissance ; — les explications de M. Vachon sur le plan de
la tapisserie, le dessin de Gaignières et la gouache disparue sont
inacceptables, et on se demande pourquoi cet auteur a plus d'ad-
miration pour la gouache que pour les deux autres documents, si ce
n'est parce qu'elle sert mieux ses desseins ; — il est hardi d'affirmer
sans preuve que l'on n'attendit pas la pose de la première pierre du
nouvel édifice pour commencer les fondations, mais on sent M. Vachon
fort gêné pour cette date du 15 juillet 1533, parce qu'alors il faut
supposer dans l'intervalle de juillet 1533 à juin 1534 le nouvel hôtel
de ville bâti et sa démolition décidée, ce qui ne laisse pas que d'être
un peu rapide ; — la place dernière qu'occupe Boccador dans le texte du

---

1. La dite commission d'archéologie avait chargé M. Clausse, architecte,
un de ses membres, de l'étude et du rapport ; M. Clausse concluait nette-
ment au maintien du nom du Boccador et réfutait la plupart des explications de M. Vachon. La Société centrale a décidé tout le contraire. Je ne me
charge pas d'expliquer cette conclusion.

2. Plusieurs journaux parisiens l'ont publiée les 25-26 août.

19 juin 1534 et l'importance plus ou moins grande de ses gages n'ont aucune signification.

En résumé, et tout bien pesé, les affirmations que M. Vachon a semées dans ses deux brochures reposent sur des hypothèses et sur des interprétations fautives; sa logique est souvent prise en défaut et ses procédés dialectiques manquent de justesse; ses citations enfin pèchent par l'exactitude. Tout cela fait grand tort à sa cause déjà mauvaise, et Boccador n'en est pas atteint.

Extrait du *Bulletin de la Société de l'Histoire de Paris et de l'Ile-de-France*, tome XXXI (1904).

Nogent-le-Rotrou, imprimerie DAUPELEY-GOUVERNEUR.